JN425137

단 한편이라도
가슴에 와 닿는 글이 있었으면 하는
간절한 마음으로 첫 시조집을 상재합니다.

김 보 환 시조집

물 따라 살아가니

지식과사람들

▌시인의 말

꼬불꼬불 산길을 봅니다.

시골 마을길, 그 옛날의 신작로(新作路)가 아닙니다.
아스팔트 포장의 멋진 왕복 2차선 고급 도로의 길을 멍하니 바라보다가 진홍빛으로 물이 든 단풍잎을 주름진 손으로 살며시 잡아봅니다.

망구(望九)의 손으로 갈등하고 고뇌했던 '시조'.
시조 문학의 참뜻을 처음으로 배우면서 단풍잎처럼 많은 이들의 사랑을 받는 시조시인의 꿈, 노욕(老慾)에 한동안 초조하기도 했었습니다.

5년이란 긴 시간동안 팔순을 훌쩍 넘은 저를 아끼고, 가르쳐 주신 '시와수상문학 문예창작 아카데미'의 선생님과 시우님들께 정중히 감사드립니다.

단 한편이라도 가슴에 와 닿는 글이 있었으면 하는 간절한 마음으로 첫 시조집을 상재합니다.

2019년 11월 일

김 보 환

▌차례

제1부 사랑의 향기

인연 혈연들은 영화처럼 지나가도

제2부 바람과 세월

우리는 남은 생을 물 따라 살아가니

■ 차례

제1부
사랑의 향기

인연
혈연들은
영화처럼 지나가도

낮달

언제나
포근하고
어머니 같은 당신

고향을
뒤로 하고
멀리도 떠나와서

달같이 곱던 얼굴이 반쪽으로 변했네

골무

희미한 등잔 밑에
바늘귀 꿰여주고

어머님과 마주앉아
서방님 옷 지을 때

가슴속 깊은 그 정이 골무 속에 고이네

난(蘭) 치는 여인

연적과 붓 한 자루
단정(端正)을 넘어서서

선계(仙界)를 거니는 듯
무아의 경지로다

그리운 고운 그이를 선녀라고 부를까

군고구마

호호하고
불어 봐도
벙어리장갑 땜에

식지를 않는구나
침만 먼저 삼키고

허기진 힘든 밤길에 너를 만나 웃는다

향기

봄바람 불어와서
절로 핀 야생화가

쓸쓸히
산자락에 혼자
웃고 있네요

꾸민 것 하나도 없는 그대로가 귀하다

인연

허다한
사연으로
맺어진 고리 중에

이성이
합이 되는
그 연(緣)이 지중한데

이마저 흐려지는 듯 금수(禽獸)보기 민망해

벗

애타게 기다리며
간절한 마음으로

그 옛날 죽마고우
옛정을 원했건만

기구한 운명에 말려 슬피 우는 벗님아

바가지

오뉴월 지붕 위의
눈(雪)같은 하얀 꽃이

늦가을
밥상 위의 입맛을 돋게 하네

장독대 퀘맨 바가지 엄마 사랑 가득해

성묘(省墓)

당신의
고운 향은
가슴에 담아가고

정만을
병에 두고
자리를 떠납니다

한밤에 달님이 뜨면 나본 듯이 하소서

모정

드높은
가을 하늘
구름 한 점 두둥실

콩 꺾다
허리 펴고
너의 모습 바라본다

장부의 크나큰 뜻을 두 손 모아 빕니다

미워도

흘러간 지난날이
영화처럼 스쳐간다

때로는
즐거움과 사랑도 주었는데

내 좁은 가슴속에다 꽃방석을 만들자

못

기둥에
잘못 박은
저 못은 빼면 되나

그 님이
던지고 간
야릇한 말 한마디

가슴에 박힌 이 못은 누가 와서 빼줄고

비

있으라는
이슬비가 초저녁에 내리더니

새벽길
떠나실 땐
가랑비가 되었구나

두 눈에 고인 눈물이 빗물 되어 주르륵

따스한 손길

가진 것
있어야만
도우는 줄 알았는데

넘어진 사람에겐
손을 잡아 주는 것이

가슴이 따뜻하며는 손은 절로 나가지

사랑의 향기

부부가
하나 됨만
사랑인 줄 알았더니

그보다
더한 사랑
가슴속에 있었나봐

백발이 권하는 잔에 눈시울이 뜨겁다

황금반지

밤새도록
잠이 안 와
하늘을 쳐다보니

새벽녘 그믐달이
가려진 반지 같다

그 옆에 빛나는 혜성 몸을 태워 흐르네

정(情)

산 위에
올라서서
석양 빛 바라본다

지연
인연
혈연들은
영화처럼 지나가도

정이란 떠날 줄 몰라 이 가슴을 적시네

보따리

근심 걱정 보따리를
누구에게 내놓을까

남 보기 부끄러워
내놓지 못 하였네

알아줄 그 한사람이 그립기만 합니다

거울

언제나
거짓 없는
그대로 너의 모습

무엇이
바른 건지
알기가 어려워도

오늘도 당신 앞에서 내 모습을 고친다

두레박

새 각시 오던 날에 매어주신 두레박줄
서방님 고운정이 식지도 않았는데
조국이 부르던 날에 그 줄잡고 울었다

낙동강 전선에선 포성만 들려오고
애간장 다 타는데 불러도 대답 없어
긴긴밤 서려둔 정(情)을 정화수(井華水)에 담는다

마음

어디서 언제 와서 내 몸에 자리 잡고
작심도 마음대로 변심도 마음대로
그 누가 내 모습 보고 웃을까봐 겁난다

속마음 진실인 건 나만이 아는 건데
진정한 내 마음을 그대는 알고 있나
내 마음 나도 모르니 이런 일을 어쩔고

나무비녀

왼손이 너무 저려 베틀에서 내려앉아
물레를 돌리면서 가는 실 뽑아낸다
아버님 회갑 옷감은 열새베°는 돼야지

뒷머리 처진 비녀 만질새 어디 있나
정든 님 깎아주신 때 묻은 민비녀가
빠질까 걱정이 되어 꽂아주고 싶구나

※열새베° : 무명베의 아주 고운 천. 40 날줄을 1새라 함.

문고리

토담집 문고리가 세 군데나 걸렸는데
허드레방 문고리는 곡간이라 듬직하고
신방돌 위 안방고리 앞뒤로 짝지었다

부엌으로 드나드는 쪽문의 작은 고리
우리 각시 손때 묻어 반질고리 되었구나
그 고리 살며시 걸고 꿈의 낙원 이루네

사립문

굴뚝에선 저녁연기 모락모락 피어나고
스러질 듯 초가삼간 옛정이 그리운데
밥 짓는 아낙네가 한 폭의 그림이네

해 뜸 없는 가을이라 서산으로 뉘엿뉘엿
천봉답 볏짐 지고 오시려면 멀었는데
솥뚜껑 사이에선 님 부르는 소리 나네

바깥을 쳐다보니 축 처진 지붕 처마
찬바람 불기 전에 다시 이어달라하고
서방님 밀고 들어올 사립문도 삐꺽인다

옛날에

하얀색 운동화가 그대 맘 닮아선지
유난히 오늘 따라 눈길이 가는 구나
단정히 매어진 끈이 예쁘기도 하여라

전쟁도 끝이 나고 학교도 졸업하면
선화야 니캉 나캉 영원히 같이 살자
입 밖에 나올려다가 손만 잡고 말았지

내 집은 대구지만 네 집은 인천이라
세상이 난중이라 먼 훗날 얘기인데
부모님 허락받기란 택도 없다 아이가

조약돌

오월의 시냇가는 신선이 노니는 곳
바위에 걸터앉아 물속을 내려보니
송사리 새끼들보다 조약돌이 더 곱다

물속에 일렁이는 네 모습 고와 보여
무심코 집어내어 온몸을 살폈는데
뜨거운 해님이 와서 물기 홀랑 벗겼네

큰 바위 조각으로 험하게 태어나서
부딪고 깨어지고 물결에 스치면서
이렇게 고운 살결을 만들다니 놀랍다

아마도 물속에는 신선이 있는가봐
처음 본 그 모습이 너무나 아쉬워서
물옷을 다시 입히려 물속으로 던졌지

제2부
바람과 세월

우리는
남은 생을
물 따라 살아가니

낙화

꽃이랑
같이 하던
그 향이 사라지니

힘없이 떨어지는
꽃잎만 바라보네

길고 긴 세월이 가도 그 향기를 잊으랴

망령

정신이 말짱해도
애들이 망령이라

떠밀려 왔소이다
흰 가운 선생님께

나 그냥 돌아가리다 123층 꿈으로

원망의 고리

마음에
아니 들면
원망을 하게 되고

원망이 커지며는
수원(愁怨)이 되기 쉽다

원망의 출발점인 곳 마음에서 지워라

추억

세상도
알듯 말 듯
사랑도 알듯 말 듯

마음만
남겨두고 가버린
한 송이 꽃

희미한 추억으로만 남아 있는 그림자

연필

호롱불 둘러앉아
오빠들이 숙제한다

고깔모 쓴
몽당연필
불빛에 반짝이네

멋지다 할배가 버린 곰방대의 물부리

파도와 거북바위

너울을
덮어 써도
노도가 내리쳐도

꼼짝도 하지 않고
묵묵히 버티누나

부럽다 그 굳은 충절 까맣게 탄 속마음

노송 뿌리

등산길 노송뿌리
흙 밖으로 나와서

꾸불꾸불
지난 사연
홀랑 벗고 있네요

내 손등 굵은 핏줄이 저 뿌리랑 닮았네

기와

고궁을 거닐면서
상념에 잠기는데

처마 끝
막새에는
향 없는 꽃이 피네

아득한 그날의 영화 구름처럼 흐른다

낭만

바람에
일렁이는
갈대의 숲길 따라

그대와 손을 잡고
한없이 걷고 싶어

강물 속 저녁노을에 흰 머리가 날리네

놀이터

모래성
어귀에서
꿈나무들 공기놀이

구경하는 노인네들
빙그레 웃고 있네

따뜻한 봄날의 전경 이게 바로 낙원이지

바위 옷

변심이 활개 치는
혼탁한 이 세상에

계절이 변하여도
그대로 입고 있는

당신의 만년 그 옷이 부럽기만 합니다

댓돌

천년의 역사 이고
묵묵히 눌러앉아

찬란한
우리 문화
세계에 알리려고

서라벌 고궁의 향을 진하게도 풍긴다

목수

한평생
때리면서
살아야 하는 망치

한평생
맞아야만 사는 못
잘 만났다

고맙다 너 둘 아니면 대목(大木)될 수 있겠나

지하철

쌀쌀한
새벽 열차
앉으세요 말 한마디

팔십을 넘고 보니
고맙기 그지없다

남겨둔 따뜻한 체온 가슴까지 오르네

생(生)

파란 싹 돋아나던
유월은 뜨거웠지

태풍도 지나가고
수확의 계절인데

팔순이 훌쩍 넘어도 알이 찬 게 없구나

길

높은 산 아닌 데도
힘들게 올라와서

왔던 길 돌아보니
곱지만 아니하네

남은 길 멀지 않아도 아름답게 만들자

입지(立志)

스스로 일어서서
힘차게 걸어보라

광활한 평원으로
드높은 저 하늘로

누워서 생각만 하면 이룰 수가 있을까

면목이 없네

예고도 아니하는
한여름 소나기는

며느리 정성 드린
모시옷 다 망쳤다

하루 일 모르는 것이 인생살이인가 봐

그 옛날

햇살이 따뜻해서
동산에 올랐더니

할미꽃 새순들이
뾰족이 올라오네

그 옛날 손잡고 놀던 우리 할매 그립네

색동옷

긴 것도 아닌 것이
고비도 많고 많다

개인 듯 흐려지고
흐린 듯 맑아지는

얄궂은 인생살이가 색동옷을 입었네

독거(獨居)

낙엽 진
가지 위에
까마귀 한 마리가

추운 듯
날개 치며
노인 보고 까악 깎

혈육이 그리운 마음 늙을수록 사무처

청빈

예부터
부(富)란 글자
먼저인 뜻을 몰라

힘들게 헤매다가
귀(貴)한 것 택했구나

잘했다 그게 좋은 걸 먼 훗날에 알거야

사랑방

사랑방 할아버지
구수한 옛이야기

밤중에 돼지 삶아
친구 집 찾아간 일

지금은 들을 수 없네 사랑방이 없어서

먼 길

높게들
올라가면
자리가 비좁아서

서 있기 어려우니
주위를 잘 살펴라

이승의 한평생보다 내세(來世)란 게 더 길다

도전

백번을 실패해도
바른 건 다시 한다

영원히 안 될 것은
양심이 먼저 알아

하늘이 만드신 양심 인간에게 주었지

외방장(外防將)

청송의병(靑松義兵)° 외방장인 김진구(金鎭九) 할아
울분을 참지 못해 사서삼경(四書三經) 던지시고
붓 대신 창을 잡고서 창의거병(倡義擧兵) 하셨다

충효(忠孝)의 그 근본은 효에서 생기나니
호랑이가 호위하는 선친(先親)의 효심°보고
분연히 일어 나서서 의병대장(義兵隊將) 되셨네

※청송의병(靑松義兵)° : 적원일기(赤猿日記=戰鬪現場鬪爭史)
1997,12,30.청송문화원(靑松文化院)에서 적원일기 원본 입수하여 책자로 발행

※靑松郡誌(1937년=昭和十二年八月十六日 靑松郡誌出版所 發行)
孝行° 편=김정규(金鼎圭=金鎭九의 父:贈 都事) "…必省墓...乘暮歸路有虎衛行居."
見行 편=김진방(金鎭方=金鎭九.金鼎圭의 子)…與沈誠之倡義..詩有..無眠.斗星之句"

사발

보들한 손놀림에 긴 세월 정이 들어
오늘도 밥을 담아 허기를 면했구나
고맙다 비어 있어도 예쁘기만 하여라

누구의 실수인지 알지도 못한 사이
이빨이 빠졌구나 한참을 만져보네
마나님 고맙습니다 말하는 듯하구나

명복을 빕니다

단비를 맞고서도 왜 이리 슬퍼질까
그 어른 오누이가 급류에 가셨다는
아침에 들려온 뉴스 믿고 싶지 않네요

정선장 한복판에 구성진 그대 가락
'만수산 검은 구름 이리로 모여 든다'
팔순의 정겨운 소리 예언이나 하신 듯

인생 엽서

오늘의 하루 엽서 정성껏 다듬어서
흠 없이 곱게 접어 예쁘게 쌓아보자
먼 훗날 쌓아둔 엽서 돌아볼 일 있으리

마구로 구겨 넣어 아무렇게 뭉친 것은
누군가 들춰볼 때 악취만 풍길 거고
정성껏 다듬은 엽서 좋은 향기 풍기리

효심(孝心)

아빠가 다급하게 집으로 오시더니
바우야 같이 가자 삼촌이 위급하다
아버지 할아버지께 말씀하고 가지요

아니다 할아버지 이 얘기 들으시면
큰 걱정 하실까봐 염려가 되는구나
안 좋은 이런 일들은 안 알려야 한단다

밤하늘

앞마당 평상 위에 팔자로 누웠더니
밤하늘 별 친구들 날 보고 속삭이고
시원한 산윗바람이 신선으로 만드네

한여름 뙤약볕의 열기는 간 데 없고
실눈섭 곱게 그린 달님이 인사한다
낙원이 그 어디인고 더 할 것이 없어라

숙제의 변

세상에 가장 힘든 학생은 누굴까요
밤 새워 공부해도 성적은 꼴찌인 애
선생이 불러내어 그를 안아 주었다

환경도 열악하고 지능마저 떨어지나
하고픈 의욕만은 누구보다 더한 애라
모두의 염원의 마음 교실 안이 꽉 찼네

청춘

낙엽 진 뒷동산이 진달래 꽃밭이다
세월은 흘러가도 계절은 다시 오네
잠시면 이 봄이 가고 청록들이 덮으리

얼마나 간절하면 청춘을 돌려달래
저 건너 확성기가 이 맘을 달래주네
글쎄다 우리 인생도 사계절이 있다면

몽돌

몽돌아 너희들은 걱정도 안 되느냐
사라호 태풍보다 더 큰 게 온다는데
글쎄요 아무리 큰들 물이니까 좋아요

우리는 남은 생을 물 따라 살아가니
깨지는 일이 없이 언제나 예쁘지요
내 볼을 만져보세요 매끌매끌 합니다

발자국이 여덟 개

비 그친 바닷가를 맨발로 걸었더니
지나온 모래 위에 순적(旬跡)이 그려졌네
나 홀로 방죽에 앉아 옛 생각에 잠긴다

먼 것은 안 보이고 기억은 흐릿한데
이제는 걸어봐도 백사장 아니라서
더 이상 남길 것 없네 저녁놀이 곱구나

탁주

고갯길 목로주점 인정도 많고 많다
허기진 길손들엔 유일한 쉼터인데
지금은 흔적도 없이 사라지고 말았네

세상이 변하는 걸 막을 수 없다마는
옛정은 가지 말고 내 곁에 있었으면
시원한 탁주 한 사발 그때 맛이 그립네

아쉬움

조그만 정이라도 아직 남아 있다면
이승이 갈 때까지 고이 간직 하소서
연(緣)이란 이승 저승을 왔다 갔다 하는 것

서럽다 생각 말고 따스한 가슴으로
지나간 아픈 상처 쓰다듬어 가면서
순간이 영원하도록 아름답게 살고파

옥수수

그 많은 알알들이 줄 맞춰 자리 잡고
엄마의 품속에서 정답게 자라더니
어느새 어른이 되어 수염까지 났구나

천만년 다정하게 같이 붙어 살 것 같아
형제간 오순도순 말 한마디 못했는데
삶이란 찰라 인 것을 내 일찍이 몰랐네

바다 속은

신비의 바다 속은 아무도 모를 거야
말소리 하나 없고 서신도 없다마는
말과 글 아는 너보다 너무 영리하구나

만물의 영장이라 자랑만 하지 말고
하늘이 정한 이치 가슴에 손을 얹고
생령(生靈)이 생겨난 이치 알아보면 어떨지

길목

팔십이 넘어서야 고향을 찾았더니
아는 이 하나 없고 옛길이 반겨주네
그래도 고향 향기를 풍겨주니 고맙소

포성도 들려오고 인민군도 출몰하니
아들이 걱정되어 엄마가 기다리던
그 옛날 정든 길목에 지금 내가 서 있네

울적한 마음에서 무작정 찾은 고향
덧없이 흘러버린 인생이 서럽도다
마을 앞 길목에 서서 되돌리고 싶구나

고독

해거름 다 되어도 찾는 이 하나 없어
무거운 걸음으로 선창에 나갔더니
짝 잃은 갈매기 하나 나를 보고 반기네

젊음이 가득하던 한여름 백사장을
위로나 하는 듯이 너울이 쓰다듬고
물속에 빠진 반달이 나를 보고 손짓을

덧없는 세월이라 쓸쓸은 하다마는
올 여름 생각하며 빙긋이 웃어본다
수많은 인어 무리들이 즐겨하는 모습을

나그네

길가는 노인네가 수고 한다 인사하니
논매던 부인보고 여보 쉬다 일 합시다
논두렁에 짚단 깔고 정담을 주고받네

일면식도 없지마는 인정이 푸짐하다
목마른 나그네도 출출한 노부부도
시원한 농주 한 잔에 온 세상이 즐거워

태어나고 자란 곳을 고향이라 부르건만
내 고향 어디인지 흐려져만 가는구나
이승을 잠시 지나는 나도 그도 나그네

절구

절구통 닮은 여인 절굿대 부여잡고
손으로 콩 찧으며 혼자서 하는 소리
이놈의 절굿댕이는 왜 이리도 무겁나

올라가면 쓸어 넣고 내려오면 얼른 비켜
떨어져 있으면서 호흡도 잘 맞추던
그 옛날 디딜방앗간 새신랑이 그리워

세상이 변하여서 방앗간 흔적 없고
낯익은 절구통만 옛정을 풍기는데
옛것을 찾아다니는 아저씨가 팔라네

빗

지난밤 꿈길에서 귀신을 만났는데
산발에 엉킨 것이 내 머리였었구나
거울 앞 흉한 모습에 믿는 거란 너 하나

어둡고 헝클어진 세상이 걱정이다
모든 것 정리하고 제자리 매김 하는
말없는 너의 솜씨가 한없이도 부럽네

촘촘히 곧게 서서 삐뚠 것 하나 없이
정수리 위로부터 차래로 빗겨 내린
갈색의 고운머리가 기름기로 조르르

호숫가 벤치에서

잔잔한 이 가슴에 호수 하나 만들자
아름다운 추억의 산책길도 만들고
백조가 쌍쌍이 노는 평화로운 호수를

지나온 고비마다 힘들게 넘으면서
정 주고 마음 주고 어렵게 맺은 연(緣)이
추억의 물결이 되어 호수 위에 펴진다

물속에 드리워진 노을의 꽃방석이
주름진 이 마음을 포근히 감싸주네
서럽고 힘이 들어도 이 순간이 행복해

대나무

삼사년 숨었다가 세상에 나타나서
하루에 두자(二尺) 크며 두 달에 다 큰단다
얼마나 의연(毅然)했으면 불평 하나 없을까

백년이 지나가도 변하지 아니하고
굳은 맘 지켜 낸 건 속이 비어 있음인가
그래서 고귀한 인격 사군자라 부르지

저승꽃 핀다더니 백년에 한 번이라
한뿌리 형제라면 같은 날 꽃이 피네
백년을 따로 살아도 이별이란 없단다

족보의 눈물

고물상 한구석에 폐지와 마주앉아
지나간 옛 이야기 정겹게 하고 있네
아쉽다 이런 이야기 언제 다시 들을까

성(姓) 하나 타고 와서 가문(家門)을 지키려고
혈육을 멀리하고 일생을 바쳤구나
장하다 종부(宗婦)님이여 이 민족의 엄마여

혈육은 오직 하나 손녀가 귀엽구나
수백 년 이은 맥이 여기에서 머무는 듯
세상이 변해가는 걸 막을 길이 없어라

낙엽

우거진 청록색이 강산을 덮었다가
세월이 바뀌면서 변색이 너무 많다
그 중에 청송(青松) 몇 그루 늠름하게 서 있네

북풍이 몰아치면 고왔던 단풍잎도
변하는 세월 아래 낙엽으로 뒹굴다가
역사의 발밑에 깔려 무상함을 느끼리

사계절 춘하추동 좋기는 하다마는
인생의 사계절은 누구도 알 수 없네
선죽교 길이 막혀서 물어볼 수 없구나

영혼의 여행

은하수 다리 너머 아름다운 선계(仙界)에서
만인의 축복 속에 탄생의 배를 타고
즐거운 인간의 여행 지구촌에 왔다가

달고 쓴 인생사의 영욕을 감내하고
고왔던 삶이였다 스스로 위로하며
두둥실 흰 구름 타고 천상으로 오른다

끝없는 우주여행 저 하늘별에 가서
그간의 고운 일만 골라서 전해주고
지구가 우주공간에 제일 곱다 하리라

지게와 작대기

오늘은 비가 와서 처마 밑 지키지만
내일은 바쁘겠다 거름통 져야 하니
봄이면 분주한 시기 쉴 사이가 없구나

등받이 찰딱 붙어 정답게 지내지만
주인만 생각 말고 내게도 감사해라
일하다 쉬고 싶으면 나 없으면 어쩔래

너와 나 하는 일은 똑같은 일이지만
쉴 때만 너와 내가 만나는 운명이라
도령님 생각이 난다 주말부부 심정을

제삿날

고조 증조 이야기는 제삿날 아니고선
조용히 둘러앉아 예기할 기회 없다
흩어진 현대사회는 육친(肉親)마저 멀어져

손자의 고모들과 삼대가 모여앉아
선조님 이야기에 방안이 숙연하다
나 어린 손자손녀들 언제다시 들을까

선조를 아는 것이 금수와 다른 건데
살길만 찾아가고 근본은 모른다면
이 어찌 금수와 다른 인간이라 하겠나

심술쟁이

봄바람 살랑살랑 아지랑이 피어나고
눈 녹은 땅을 밀고 새싹이 돋았는데
얄밉다 심술쟁이야 꽃샘추위 바람이

솜이불 덮어쓰고 잠자던 꽃봉오리
따뜻한 봄볕 만나 꽃잎을 피웠는데
어디서 진눈개비가 길을 잘못 찾았나

한세상 살다 보면 꽃길도 가시밭도
얽이고 설키면서 사는 게 인생이라
고난이 친구다 하고 맘 편하게 지내자

옛날이

산골짝 바윗돌에 한가로이 앉아서
졸졸 졸 흘러가는 물줄기 바라보다
무심코 나무 잎 하나 뚝 따서 띄웠다

나무 잎은 물길 따라 아래로 흐르는데
이 모퉁이 저 구석을 갈팡질팡 거리고
이파리는 빙빙 돌며 질서 없이 내려가네

지금은 가까워서 고향이 보이지만
언젠가는 까마득히 잊어질 이 산골에
남아있는 나뭇잎들 생각이나 하려는지

휴대폰

그대가 나타나서 주산학원 다 망쳤지
날 망친 계산기는 잘 될 줄 알았는데
그마저 몽땅 망해서 가게 문을 닫았다

세상이 변하여도 천천히 변해야지
한 세기 몇 번씩을 뒤집어 놓고 나니
인간의 고운 심정이 병드는 게 아쉽네

복잡한 지하철의 경로석 앉았을 땐
그래도 휴대폰이 고마운 녀석이라
폰에만 몰입 하며는 안 보니까 편하다

인간이 만든 기계 이롭긴 하다마는
인정미 없는 것이 섭섭한 생각이라
혹시나 인류를 향해 해칠까봐 두렵네

바람과 세월

아지랑이 피어나고 봄바람 살랑살랑
가지엔 매화송이 길가엔 민들레라
시기한 꽃샘추위가 봄을 잡고 가네요

하늘을 쳐다보니 큼직한 구름 덩이
백운(白雲)을 시샘하는 바람이 불어온다
뜨거운 삼복더위를 멀리 멀리 미네요

어느새 귀뚜라미 매미대신 찾아 와서
여인의 애환서린 부뚜막서 울어대니
고왔던 단풍잎들도 하나 둘씩 지내요

바람과 세월 따라 흐르는 인생길에
그래도 석양빛은 갈수록 고와진다
백설이 만건곤할 때 천하태평 했으면

감사한 마음

낙원인 내 인생을 꾸미고 싶어져서
큼직한 농장하나 만들어 보았단다
자연은 거짓이 없어 꾸민 대로 되었지

갓 낳은 새끼 사슴 비틀비틀 귀여웁고
들오리 식사하러 우리 연못 찾아오네
평화론 한 폭의 그림 머리에만 남았지

인생은 일장춘몽 그 누가 말했던가
내 인생 전부 아닌 한순간 토막이라
후회도 하나 없구나 건강함에 감사해

제3부

짙푸른 청록으로

산사(山寺)잠

깨어나서 창문을 열었더니

숲속 옹달샘

땅속에서
보글보글
물방울이 솟네요

가끔가다
큰 물방울
불룩 솟기도 하고

대지의 어머니가 생명수를 품나봐

수박

호박은 못생겼다
수박은 시원하다

이름만 불러봐도
마음이 이동한다

남들이 먼저 알아 줄 그런 사람 됐으면

엄마 생각

꽃밭에
나가보니
간밤에 비가 왔네

꽃잎에 달린 방울
햇빛에 반짝 반짝

울 엄마 친구별 하고 내 꽃밭에 왔네요

대문을 열고

눈 녹은
청정수가 개구리 잠 깨우고

산들산들 봄바람이
꽃잎을 피우는데

망구(望九)야 따스한 봄을 동산에서 만나자

산영(山影)

한여름
불볕 피해
계곡을 찾았더니

앞산의 봉우리가
나보다 먼저 와서

바쁜 일 잠시 접고서 쉬어가자 권하네

들꽃

설한풍 이겨내며
산자락 양지에서

곱게 핀 야생화가
방끗이 웃고 있네

장하다 티 없는 네가 제일 고운 꽃이네

석산(石蒜)

말 못할
불덩이가 심장에서
흘러나와

메마른 땅바닥을
빨간 물로 뒤덮었다

얼마나 그리웠으면 맨몸으로 왔을까

유월의 새벽

동산이 이렇게도
높은 줄 내 몰랐다

만산이 눈 아래서
용트림 하고 있네

짙푸른 청록의 유월 서기(瑞氣) 가득하구나

벚꽃

성질도 급하구나
잎보다 먼저 나와

오가는 길손들을
다 모아 잔치하네

만인의 가슴에다가 넘쳐나는 희망을

갈대

갈대밭 숲길에서
사랑이 소곤소곤

이 마음
깊은 곳에
그대를 품고 싶어

솜같이 따스한 정이 그립기만 하구나

밤꽃(1)

벌들의 꿀 잔치가
산천에 야단났다

꽃잎은 없다마는
그래도 꽃이라고

가을에 송이 터질 땐 알밤 줍기 야단이

밤꽃(2)

싱싱한 밤나무가
간밤에 늙었구나

가지마다
흰 수염이
주렁주렁 달렸네

늙어도 너는 가을에 토실 알밤 낳겠지

듣고 싶은 이야기

거울보다
더 맑은
실개천 바닥에서

조용히
쉬고 있는
저 예쁜 조약돌아

지나온 너의 이야기 들어보고 싶구나

포기하지 마라

설한풍 이겨내며
꿋꿋이 서 있어야

돌아올 춘삼월에
예쁜 꽃 피울 건데

못 이겨 꺾어진 가지 잎눈인들 피울까

풍란(風蘭)

아무도
찾지 않는 깊은 산
바위틈에

외로이 피었어도
향기만은 으뜸이라

그 향기 도심(都心)에다가 뿌렸으면 싶구나

해빙

마을 뒤
작은 못에
얼음이 사라지니

찾아온 청둥오리
즐겁게 헤엄치고

산까치 까악 깍각각 봄이 온다 전하네

구름

가뭄에
먹구름이 산등을 넘어오니

촌로(村老)의
이마에서 주름살이 펴진다

갈라진 논바닥에서 풍년가가 울리길

소나무

따스한 봄 햇살이
강가로 불러내어

물속에 드리워진
청송(靑松)을 보라 하네

애달다 푸른 가지에 학이 남긴 빈 둥지

안개

비 그친
이른 새벽
양수리역 나왔더니

연초록 봉우리들
안개이불 덮고 있네

그 속에 봄의 정기가 꿈틀꿈틀 거린다

단풍

책갈피 속에 숨어
곱게도 물들었네

기억도 나지 않는
그 정이 새로워라

서산에 붉은 노을이 눈이 부셔 아프다

유월(六月)

동산이 이렇게도 높은 줄 내몰랐다
만산을 내 눈 아래 수채화 펼쳐놓고
든든한 멍석바위에 나를 불러 앉히네

새잎의 연한 물결 짙푸른 청록으로
유월은 온 천하를 살찌게 키웠구나
풍성한 너의 품속에 흠뻑 젖어 보고파

기해년의 초하(己亥年初夏)에

녹음방초 승화시에
당나무 그늘에서

하늘을 처다 보니
그름 한 점 없이 맑다

가슴에 맺힌 응어리 청(晴)하늘이 더듬네

※녹음방초승화시(綠陰芳草勝花時) : 초여름을 뜻 하는 말 = 녹음방초가 꽃보다 낫다.

야생화

봄이라 자연스레 피어난 야생화가
찾는 이 하나 없는 쓸쓸한 산자락에
외로이 혼자 있어도 방긋방긋 웃네요

주어진 환경일랑 탓하지 아니하고
자연의 순리 따라 곱게도 살아가네
부럽다 너의 세상을 도원이라 했던가

춘설

보름날 새벽길이 백설로 덥혀있네
아무도 밟지 않아 조심스런 이 발길
손잡고 거닐던 그길 오늘 다시 걷네요

볼록이 부어오른 목련화 가지 보며
설레는 옛 추억을 하나 둘 더듬는다
오늘밤 고운 달님은 누구 품에 안길까

만추

마을 뒤 등산로 변 이름 모를 잎사귀들
멀리서 그를 보고 꽃인 줄 알았겠지
단풍 꽃 만발해서도 꽃향기는 없구나

새싹에서 단풍까지 멋진 생 다하면서
좋은 향 뿌렸다고 스스로 자랑하네
푸른 솔 가지잡고서 동양화를 그린다

샘물

여우골 어귀에는 샘물이 보글보글
첫새벽 새끼노루 물 먹고 지나가고
새각시 외딴집에서 동이 이고 나오네

찾는 길손 없어도 말없이 혼자 보글
진달래 산벚나무 꽃으로 치장하고
서방님 사립문 열고 봄 향기를 즐기네

고향 하늘

고향이 그립지만 가고 싶지 않은 고향
고향만 생각하면 엄마가 먼저 오고
옛날의 소꿉동무들 아이 되어 찾는다

쑥국에 냉이무침 어머니 향이 나고
참꽃 먹고 송기 꺾던 친구들 생각나도
내 곁엔 하나도 없다 외로움만 더 하네

뒷동산 양지쪽에 할미꽃도 생각나고
마을 앞 냇가에 핀 물봉선화 그리운데
반겨줄 사람도 없는 먼 하늘만 푸르네

설경

앙상한 겨울산에 눈꽃을 상상하며
산사(山寺)잠 깨어나서 창문을 열었더니
운무에 뜨는 봉우리 그림 한 폭 펼치고

촉촉이 젖어있는 공산(空山)을 가르면서
간간이 들려오는 조용한 독경소리
경전의 뜻은 몰라도 이 마음이 평온해

세상의 모든 일은 예측이 어렵구나
눈꽃도 안개비도 하늘의 축복이라
지그시 눈을 감으니 온 산하가 꽃이네

바람

여의도 윤중로에 꽃향기 듬뿍 품고
수많은 상춘객을 일일이 맞이하던
따스한 봄바람 친구 순식간에 떠나고

무더운 한여름의 불볕을 피하려고
돗자리 깔고 누워 하늘을 쳐다보니
시커먼 소나기구름 네가 밀고 있구나

철따라 달라지는 너 모습 신기하다
국화 향 품을 때는 떠나갈 준비하지
쓸쓸한 가을바람아 설한풍은 난 싫어

7월의 어느 날

뜨거운 땅기운을 피해서 찾은 계곡
차가운 물구슬이 땅에서 신기하다
어디서 숨어 있다가 생명수가 되었네

먹구름 뭉텅이가 산 너머 달려온다
장마가 온다더니 소나기 징조이네
걸음아 날 살려라 단숨에 달려왔지

한줄기 하더니만 내 언제 그랬더냐
변덕도 심하구나 칠월의 그 어느 날
어느새 햇볕이 쨍쨍 딴 세상이 되었네

코스모스

밤사이 내리던 비 갈바람 얘기 듣고
비구름 어디가고 청(晴)하늘 만들었네
길섶의 코스모스는 고맙다고 웃는다

할머니 손을 잡고 아장아장 걸어 나온
꼬마의 치맛자락 꽃잎처럼 팔랑 팔랑
결실의 계절을 만나 즐겁기만 하구나

이 모습 구경하던 잠자리 한 마리가
할매 손등에 앉아 날갯짓하다 가네
코스모스 이 꽃길이 너무 곱다 하면서

수목원

키다리 잣나무도 형형색색 단풍잎도
산수가 좋아라고 찾아온 손님들을
포근히 품속에 안아 잠시 쉬어 보내고

한참을 기다려서 허브원 들렸더니
볼품도 없는 것이 진귀한 향을 품어
많은 이 가슴 속에다 가득 담아 보네네

말없는 초목들이 많은 걸 주고 있다
영장(靈長)이 부끄럽다 무얻을 준비하랴
다 줘도 마르지 않는 내 사랑을 전하자

동(冬)장군이 온대요

주말엔 눈이 온다 예보관의 말을 듣고
가지 끝에 달린 잎은 땅으로 내려오고
앙상한 줄기들만이 온 계곡을 메웠네

돌아오는 봄이 되면 잎도 피고 꽃도 피는
아름다운 이 계곡을 황홀하게 만들려고
이름 모를 풀과 나무는 준비들을 한단다

말 못하는 너희들이 너무나도 기특하다
잎눈 꽃눈 만들어서 재생의 꿈을 꾼다
떡갈나무 가지 끝엔 솜 같은 털이 났네

첫눈

아침에 문을 여니 천지가 하얗구나
앙상한 가지에선 까치가 날 반기고
장독대 하얀 종이는 참새들의 화선지

세상이 너무나도 아름답고 평화로워
어느새 두 손 모아 합장을 하고 있네
이 마음 만 리 여정에 녹지 말고 갔으면

높은 곳 낮은 곳도 가리지 아니하고
골고루 뿌리셨네 고마운 하늘님이
하늘엔 생화가 없어 눈꽃으로 내렸네

▌김보환 시인의 시조세계

친자연 서정으로 자적(自適)의 인생관 탐구

만유의 자연과 서정적 자아 접목으로 삶을 성찰

김 송 배
(시인. 한국문인협회 전 부이사장)

1. '내 인생'과 삶에 대한 인식

현대 시조의 소재나 주제는 대체로 인간과 자연에서 탐색하면서 그 시인이 공유한 인식으로 다양한 이미지를 창출하는 경향이 대다수로 나타나고 있다. 이러한 시법은 시조 창작에 있어서 간과(看過)할 수 없는 현상이기도 하지만, 그 행(行)에서도 인생과 자연이라는 거대한 현상들을 한정된 시구(詩句)로 적시하는 것은 그 시인의 창작 능력과 다양한 체험이 재생하는 결과라고 보아진다.

우리 시조가 현대시와 다른 점은 표현에서 정형의 운율을 중시한다는 점이지만, 그 내면에 잠재한 주제나 시정신은 크게 다르지 않다는 점도 시조 정신이 그만큼 우리 인간들에게 많은 감명(感銘)을 주고 있다는 점도 간과하지 못한다.

여기 첫 시집으로 상재하는 김보환 시조집 '물 따라 살아가니'를 일별하면 이러한 실체적인 문제가 직간접으로 살필 수 있는 작품들이 다채롭게 발현되고 있어서 현대 시조작품들도 현대시 못지않게 그 정신이나 주제의 투영은 인본주의에 근원을 둔다는 점을 읽을 수 있게 하고 있다.

김보환 시인은 먼저 우리의 삶에 대한 인식에서 깊은 사유(思惟)를 통한 생(生)의 지표를 정립하고 있는데 '높은 산 아닌 데도/ 힘들게 올라와서// 왔던 길 돌아보니/ 곱지만 아니하네// 남은 길 멀지 않아도 아름답게 만들자('길' 전문)'이나 '한세상 살다보면 꽃길도 가시밭도/ 얽히고 설키면서 사는 게 인생이라/ 고난이 친구다 하고 맘 편하게 지내자('심술쟁이' 중에서)'라는 어조와 같이 실생활(real life)에서 겪었거나 현재 당면하고 있는 삶의 문제에서 '아름답게 만들자' 혹은 '편하게 지내자'라는 각오가 선명한 신념의 메시지를 직접 지시어(指示語) 또는 명령어(命令語)로 자신에게 채찍질하고 있다.

낙원인 내 인생을 꾸미고 싶어져서
큼직한 농장 하나 만들어 보았단다
자연은 거짓이 없어 꾸민 대로 되었지

갓 낳은 새끼 사슴 비틀비틀 귀여웁고
들오리 식사하러 우리 연못 찾아오네
평화론 한 폭의 그림 머리에만 남았지

인생은 일장춘몽 그 누가 말했던가
내 인생 전부 아닌 한순간 토막이라
후회도 하나 없구나 건강함에 감사해

-'감사한 마음' 전문

김보환 시인은 앞에서 자신의 진솔한 각성이 내포된 시적 진실을 이해했다면 여기서는 그가 작품에서 탐색하려는 삶의 내면 풍경을 적시하고 있어서 그가 '인생은 일장춘몽'이라는 단정적인 관념으로 '내 인생 전부 아닌 한순간 토막이라 / 후회도 하나 없구나 건강함에 감사해'라는 어조와 같이 '감사한 마음'을 통해서 진정한 성찰을 투영시키고 있다.

이처럼 그는 연시조의 형태로 자아(自我)에 대한 생활상이 살아온 체험을 재생하면서 창출한 이미지가 작품 전체를 하나의 스토리처럼 엮고 있어서 우리들의 감응은 더욱 공감을 유로하고 있는 것이다.

그는 다시 '낙원인 내 인생을 꾸미고 싶어져서/ 큼직한 농장 하나 만들어 보았단다/ 자연은 거짓이 없어 꾸민 대로 되었지'라는 삶이나 인생에 대한 인식이 지난 과거의 시간을 통한 체험에서 재생된 희구(希求)의 상황으로 보아서 시인으로서 회상하는 안온한 상념(想念)이 주제로 현현되고 있다.

그는 인생의 인식단계를 탐색하는 작품들은 다음과 같이 공감할 수 있을 것이다.

-파란 싹 돋아나던/ 유월은 뜨거웠지// 태풍도 지나가고/ 수확의 계절인데// 팔순이 훌쩍 넘어도 알이 찬 게 없구나('생(生)' 전문)

-예고도 아니하는/ 한여름 소나기는// 며느리 정성 드린/ 모시옷 다 망쳤다// 하루 일 모르는 것이 인생살이인가 봐('면목이 없네' 전문)

-긴 것도 아닌 것이/ 고비도 많고 많다// 개인 듯 흐려지고/ 흐린 듯 맑아지는// 얄궂은 인생살이가 색동옷을 입었네('색동옷' 전문)

-천만년 다정하게 같이 붙어 살 것 같아/ 형제간 오순도순 말 한마디 못했는데/ 삶이란 찰나인 것을 내 일찍이 몰랐네('옥수수'

중에서)
-높게들 / 올라가면/ 자리가 비좁아서// 서 있기 어려우니/ 주위를 잘 살펴라// 이승의 한평생보다 내세(來世)란 게 더 길다('먼 길' 전문)

김보환 시인은 '팔십을 넘고 보니/ 고맙기 그지없다('지하철' 중에서)'거나 '흠 없이 곱게 접어 예쁘게 쌓아보자/ 먼 훗날 쌓아둔 엽서 돌아볼 일 있으리('인생 엽서' 중에서)'라는 회고와 성찰이 그의 인생에서 언제나 재생하고 싶은 생활의 향방으로 현현되고 있는 것이다.

조그만 정이라도 아직 남아 있다면
이승이 갈 때까지 고이 간직 하소서
연(緣)이란 이승저승을 왔다 갔다 하는 것

서럽다 생각 말고 따스한 가슴으로
지나간 아픈 상처 쓰다듬어 가면서
순간이 영원하도록 아름답게 살고파
-'아쉬움' 전문

김보환 시인은 삶에 대한 고뇌와 갈등, 상처 등의 심적 회의(懷疑)를 이젠 화해하고 남아있는 이승의 '아쉬움'들을 새로운 기원의 의지로 인생 전환을 모색하고 있어서 그의 인생을 미학적인 추구로 살아가고픈 여망(餘望)이 분사하고 있다.

그는 '달고 쓴 인생사의 영욕을 감내하고/ 고왔던 삶이였다 스스로 위로하며/ 두둥실 흰 구름 타고 천상으로 오른다('영혼의 여행' 중에서)'는 비장한 단정으로 지금까지 영위한 삶을 '스스로 위로하며' 지구촌의 '인간의 여행'을 마치고 '우주여행 저 하늘

별'에 오르는 '영혼의 여행'을 생사(生死)의 고차원적인 인생계획을 수립하고 있다.

2. '모정'과 사랑의 동경, 그 원류

김보환 시인에게서 감응할 수 있는 또 하나의 심원(深遠)에는 어머니에 대한 '모정'을 비롯해서 전 가족에 대한 사랑의 동경이 그의 심저(心底)에서 불망(不忘)의 원류로 흘러넘치고 있다.

일찍이 우리의 김남조 시인은 그의 글 '그 먼 길의 길벗'에서 '어머니! 이렇게 부르면 지체 없이 격렬한 전류가 온다. 아픈 전기이다. 아프고 뜨겁고 견딜 수 없는 전기이다'라는 말로 모성애를 찬양하면서 모정을 읊고 있는 것이다.

드높은 가을 하늘 구름 한 점 두둥실
콩 꺾다 허리 펴고 너의 모습 바라본다
장부의 크나큰 뜻을 두 손 모아 빕니다

-'모정' 전문

꽃밭에 나가보니 간밤에 비가 왔네
꽃잎에 달린 방울 햇빛에 반짝 반짝
울 엄마 친구별 하고 내 꽃밭에 왔네요

-'엄마 생각' 전문

이 작품들은 초장과 중장은 각각 장별로 배행을 하고 종장은 구별로 배행한 형태를 취하고 있어서 일반적인 평시조와는 약간 다른 시법을 택하고 있지만, 이 두 편의 작품에서 감지되는 것은 어머니(혹은 엄마)에 대한 애틋한 정감의 생성으로 '모정'을 형상화하고 있다.

그는 한 사물이나 어떤 상황 자체를 설정하여 이미지를 창출하

거나 상징성을 투영하는 시법에서 발현하는 메시지는 상당한 설득력을 제시하고 있기 때문에 구구한 설명이 필요하지 않게 작품을 창작하는 그의 시법을 높이 평가하게 된다.

물론 이 두 작품에서는 소재(제목)를 '모정'이나 '엄마 생각'이라는 내적인 관념에서 설정했다는 점은 자칫 시인의 독백에 머물 여지가 있으나 '가을 하늘'이나 '꽃밭'이라는 외적인 사물을 대입하여 상징적인 메시지를 투여해서 정감어린 불망의 모정을 적시함으로써 시적인 면모와 시정신이 더욱 진실로 발현되는 시법이 공감을 흡입시키고 있다.

이밖에도 작품 '골무'에서 '희미한 등잔 밑에/ 바늘귀 꿰여주고// 어머님과 마주앉아/ 서방님 옷 지을 때// 가슴속 깊은 그 정이 골무 속에 고이네('바가지'에서)', '오뉴월 지붕 위의/ 눈(雪)같은 하얀 꽃이// 늦가을/ 밥상 위의 입맛을 돋게 하네// 장독대 꿰맨 바가지 엄마사랑 가득해' 그리고 작품 '고향 하늘'에서도 '쑥국에 냉이무침 어머니 향이 나고'라는 절절한 모정의 단면을 감상할 수 있게 하고 있다.

김보환 시인은 '효심' 가득한 작품도 다수 창작하였는 바 어머니 이외에 아버지, 할아버지, 할머니, 부부 등 가족 전반에 대한 효심과 애정의 징표를 표출하고 있는데 '사랑방 할아버지/ 구수한 옛이야기('사랑방' 중에서)', '그 예날 손잡고 놀던 우리 할매 그립네('그 옛날' 중에서)' 등의 상황과 어조로 그의 효심을 재생하고 있다.

부부가 하나 됨만 사랑인 줄 알았더니
그보다 더한 사랑 가슴속에 있었나봐
백발이 권하는 잔에 눈시울이 뜨겁다

-'사랑의 향기' 전문

김보환 시인의 '가슴속에'는 항상 사랑의 실체가 출렁이고 있는데 그것은 바로 부부간에 풍기는 '사랑의 향기'이다. '백발이 권하는 잔에 눈시울이 뜨겁다'는 진정한 사랑의 메시지는 그가 인생살이에서 느껴보는 진솔한 정감임을 인식하면서 성찰하고 있어서 모든 인간들이 추구하는 삶의 본질이 향기로 넘쳐서 공감을 유로하고 있는 것이다.

3. 사계절의 정취에서 감응하는 시간성

인간이나 자연은 사계절의 시간성에 순응하면서 살아간다. 특히 우리 인간들은 자연의 섭리가 동행하는 삶에서 생사고락(生死苦樂)을 감내하는 본성이 세월이라는 시간적인 합의(合意)가 동류의 방식을 제공받아서 영위하게 된다.

우선 우리는 시간이라면 조석(朝夕)과 주야(晝夜)를 비롯해서 춘하추동(春夏秋冬)의 사계절에서 탐색하는 것이 보편적인 사유이지만, 더욱 엄격하게 따져보면 과거와 현재 그리고 미래라는 대분류의 시간에서 희로애락(喜怒哀樂)의 정의(情誼)가 발현되고 이를 근원으로 하여 생활의 이정표가 정립되기도 한다.

봄바람 불어와서 절로 핀 야생화가
쓸쓸히 산자락에 혼자 웃고 있네요
꾸민 것 하나도 없는 그대로가 귀하다

-'향기' 전문

한여름 뙤약볕의 열기는 간 데 없고
실눈섭 곱게 그린 달님이 인사한다
낙원이 그 어디인고 더 할 것이 없어라

-'밤하늘' 중에서

김보환 시인의 계절적인 향취는 '향기'에서 느끼는 자연서정에서 뿐만 아니라, 삶의 중심에서 바라보는 '밤하늘의 별'에서 감미롭게 응시하는 정서는 '낙원이 그 어디인고 더 할 것이 없어라'는 어조로 '한여름'의 안온을 현시하고 있다.

이렇게 봄과 여름에 대한 이미지의 투영 작품은 '그 속에 봄의 정기가 꿈틀꿈틀거린다('안개' 중에서)'거나 '망구(望九)야 따스한 봄을 동산에서 만나자('대문을 열고' 중에서)' 등에서 볼 수 있으며 여름 이미지는 작품 '유월' '수박' '기해년의 초하(初夏)에' 등에서 음미할 수 있을 것이다

책갈피 속에 숨어
곱게도 물들었네

기억도 나지 않는
그 정이 새로워라

서산에 붉은 노을이 눈이 부셔 아프다
-'단풍' 전문

높은 곳 낮은 곳도 가리지 아니하고
골고루 뿌리셨네 고마운 하늘님이
하늘엔 생화가 없어 눈꽃으로 내렸네
-'첫눈' 중에서

그렇다면 가을과 겨울의 이미지는 어떠한가. 그의 가을과 겨울도 한 폭의 산수화를 관망하는 듯하다. 이러하듯이 '단풍'이나 '첫눈'의 그 정경(情景)에서 탐구하는 상황과 전개가 인간과 자연이 화해하는 화폭의 안온과 화평이 곁들여져 있음을 이해하

게 한다.

이밖에도 작품 '밤꽃'에서 '가을에 송이 터질 땐 알밤 줍기 야단이'와 이와 동류의 이미지는 작품 '수목원' '만추' '코스모스' 등에서 읽을 수 있으며 겨울은 작품 '설경'에서 '앙상한 겨울산에 눈꽃을 상상하며' 등의 어조로 추동(秋冬)의 정감을 토로하고 있다.

현대 시조나 현대시에 있어서 이 시간성의 문제는 그 시인의 체험이 언제 어떻게 전개되고 있느냐 하는 시제(時制)문제가 대두된다. 문학적인 시간과 자연적인 시간은 다를 수 있다. 그것은 체험의 상상적인 시간이 작품과 바로 연결된다는 점에서 우리는 시간성에서 취택하는 오묘한 이미지를 중시하는 이유이다.

4. 만유의 자연과 서정적 자아 탐구

김보환 시인은 시간성에서 창출된 서정이 바로 만유(萬有)의 자연으로 옮겨져서 거기에서 교감하는 시법으로 발전하고 있다. 그는 '한여름/ 불볕 피해/ 계곡을 찾았더니// 앞산의 봉우리가/ 나보다 먼저 와서// 바쁜 일 잠시 접고서 쉬어가자 권하네('산영(山影)' 전문)'라는 어조로 자연 풍광(風光)을 노래하고 있다.

그는 자연에 심취(深醉)하면서 안온하고 평화로운 정감으로 인생을 향유(享有)하는 유유자적(悠悠自適)의 안정적인 인생과 자연이 화해를 구현하려는 시법을 탐색하고 있다.

아지랑이 피어나고 봄바람 살랑살랑
가지엔 매화송이 길가엔 민들레라
시기한 꽃샘추위가 봄을 잡고 가네요

하늘을 쳐다보니 큼직한 그름 덩이
백운(白雲)을 시샘하는 바람이 불어온다

뜨거운 삼복더위를 멀리 멀리 미네요

어느새 귀뚜라미 매미대신 찾아 와서
여인의 애환서린 부뚜막서 울어대니
고왔던 단풍잎들도 하나 둘씩 지내요

바람과 세월 따라 흐르는 인생길에
그래도 석양빛은 갈수록 고와진다
백설이 '만건곤할 때' 천하태평 했으면

-'바람과 세월' 전문

김보환 시인은 자연 풍취(風趣)에서 착목(着目)한 그의 시선은 '바람과 세월'이라는 새로운 지적(知的)인 이미지가 생성시키고 있다. 이 작품에서도 사계절의 향연(饗宴)이 펼쳐지면서 서정적인 자아를 투영하고 있어서 그의 인생관이나 가치관이 깊게 침잠(沈潛)되어 있음을 이해하게 한다.

그가 시어로 취택한 '아지랑이'와 '꽃샘추위', '삼복더위', '귀뚜라미'와 '단풍잎' 그리고 '백설' 등은 사철의 상황들이 형상화하면서 '바람과 세월 따라 흐르는 인생길'은 결론처럼 '천하태평 했으면' 하는 기원과 갈망의 의식으로 현현되고 있다.

이처럼 시간과 동행하는 자연 현장에서 그는 '주어진 환경일랑 탓하지 아니하고/ 자연의 순리 따라 곱게도 살아가네/ 부럽다 너의 세상을 도원이라 했던가('야생화' 중에서)'라는 어조처럼 '자연의 순리 따라' 삶을 영위하는 평탄한 인생의 지향점을 탐구하는 '야생화'의 이미지를 지순하게 어필하고 있다.

우거진 청록색이 강산을 덮었다가
세월이 바뀌면서 변색이 너무 많다

그 중에 청송(青松) 몇 그루 늠름하게 서 있네

북풍이 몰아치면 고왔던 단풍잎도
변하는 세월 아래 낙엽으로 뒹굴다가
역사의 발밑에 깔려 무상함을 느끼리

사계절 춘하추동 좋기는 하다마는
인생의 사계절은 누구도 알 수 없네
선죽교 길이 막혀서 물어볼 수 없구나
-'낙엽' 전문

김보환 시인의 서정성은 친자연에서도 인생의 의미가 내재되는 상황의 작품을 많이 접하게 되는데 이는 그가 천성적으로 동화(同化-assimilation)한 자연관이 바로 작품으로 접맥하는 정서가 숙성되어 있다는 점을 간과하지 못한다.

그는 '낙엽'과 대칭되는 '청송'과의 비교에서 '세월'이 무심히 던져주는 '무상함'은 어쩔 수 없는 '인생의 사계절'과 소통하는 인생론으로 전이(轉移)하고 있다. 이러한 현상은 작품 '대나무'에서 '백년을 따로 살아도 이별이란 없단다'거나 '갈대'에서도 '솜같이 따스한 정이 그립기만 하구나'라고 서정적으로 명징하게 발현하고 있다.

이러한 그의 서정은 작품 '풍란' '소나무' '들꽃' '벚꽃' '낙화' 등등에서 청정(清淨)한 그의 내면에서 풍기는 자적(自適)의 향훈(香薰)을 음미할 수 있게 한다.

지금까지 살펴본 김보환의 시조 세계는 대체로 삶에 대한 인식과 성찰을 통해서 모정과 사랑의 원류를 탐색하고 그의 서정적인 사유와 정서가 축(軸)이 되는 친자연의 감응이 작품의 주류를 이루고 있어서 평범하면서도 화기(和氣)가 넘치는 생의 한

단면을 엿보는 형상을 느끼게 하고 있다.

그는 '시인의 말'에서 '망구(望九)의 손으로 갈등하고 고뇌했던 시조/ 시조 문학의 참뜻을 처음으로 배우면서 단풍잎처럼 많은 이들의 사랑을 받는 시조시인의 꿈, 노욕(老慾)에 한동안 초조하기도 했었습니다.'라는 겸손의 어조는 시조를 사랑하는 숙연한 시정신을 이해할 수 있는 것이다.

첫 시조집 상재를 축하한다.

김 보 환 시조집
물 따라 살아가니

2019년 12월 1일 초판 인쇄
2019년 12월 5일 초판 발행

지 은 이 ‖ 김 보 환
발 행 인 ‖ 정 병 국

펴 낸 곳 ‖ 도서출판 지식과사람들
등록번호 ‖ 제2-3436
주 소 ‖ 서울 중구 충무로 2길 20(충무로4가 3층)
대표전화 ‖ 02-2277-7674
E-mail ‖ jisik1198@naver.com
ISBN ‖ 978-89-94571-47-8

값 10,000원